정신이 밝다

정신이 밝다

초판 발행 | 2015 년 3월 1일

지은이 | 박방희
펴낸이 | 신중현
펴낸곳 | 도서출판 학이사
출판등록 : 제25100-2005-28호
주소 : 대구광역시 달서구 문화회관11안길 22-1(장동)
전화 : (053) 554~3431,3432
팩스 : (053) 554~3433
홈페이지 : http : // www.학이사.kr
이메일:hes3431@naver.com

ISBN _ 978-89-93280-93-7 03810

이 도서의 국립중앙도서관 출판예정도서목록(CIP)은 서지정보유통지원
시스템 홈페이지(http://seoji.nl.go.kr)와 국가자료공동목록시스템
(http://www.nl.go.kr/kolisnet)에서 이용하실 수 있습니다.
(CIP제어번호: CIP2015005893)

정신이 밝다

박방희 시집

學而思 | 학이사

시인의 말

나뭇잎 하나 떨어지는데

봄
여름
가을

참
오래도
걸렸다.

2015. 3.
박 방 희

차 례

1 _ 절

2 _ 인생

3 _ 무 나라

4 _ 나중

1

절

절

사람들은 한 사람 한 사람 모두 절이다

나서, 늙고, 병들고, 죽는

생

로

병

사, 라는 절

벽

벽은
언제
어디서든

내 등짝을 책임진다

벽이
있는
곳에서

내 몸은
편안하다

정신이 밝다

꽃 중에도 오동꽃이 제일이라는 어머니,

오늘은
정신이
대낮같이
밝다

따스한 봄날, 이승의 한때

말씀

쿵, 가끔씩 땅도 한 말씀 하네
땅속 뜨거운 혀가 길게 지나간다

더러는 발설되지 못한 말들, 지층을 뚫고 올라와 폭발한다

뭉클뭉클
솟구치는
말의 홍수,

여러 질의 석판본 서책을 남기고

상가에서

상가喪家와 상가商街는 북적대야 맛이다

오늘도
죽은 사람이 산 사람을
공양한다

상가에서는!

구제역口蹄疫

구제역에는 기차가 서지 않는다

소 돼지 같은 두 쪽 발굽 달린 짐승들만 타고
곧바로 살 처분장으로 직행한다

* 지난 2010년 11월 29일 경북 안동에서 시작된 구제역은 지금까지 의심신고 69건 가운데 경북 안동 · 예천 · 영주, 경기 파주 · 고양 · 가평 · 김포, 강원 포천 · 평창 · 춘천 등 3개 도, 18개 지역, 47건이 구제역 양성으로 나타났다. 이로 인해 소 · 돼지 등 살처분될 가축은 27만 8000여 마리에 이른다. 구제역은 경북 안동을 출발해서 이웃 봉화 영주 예천을 거쳐 강원도를 지나 경기도까지 올라가 다시 충청도로 경상남도로 부산 울산까지 석 달이나 돌면서도 아직 종착역에 이르지 않았다고 한다.

우리에게 더 좋은 날이 오겠지

서 있는 가구들아
베란다 화초들아
우리에게 더 좋은 날이 오겠지
책장의 책들아
신발장의 신발들아
우산꽂이의 우산들아
싱크대에 올망졸망 그릇들아
달각거리는 숟가락들아
수줍은 음지야
숨어사는 바퀴야
하얀 변기야
변기 속 물소리야
발차가 노래 부른다
우리에게 더 좋은 날이 오겠지
켜면 환해지는 전등아
깜박이는 형광등아
참고 견디면
우리에게 더 좋은 날이 오겠지
벽을 치는 외풍아

숨죽이는 커튼아
펄럭이는 스카프야
머리 위의 모자야
우리에게도 더 좋은 날이 오겠지

* 발차 ; 아그네스 발차. 그리스 출신의 가수

꽃

위는 生
아래는 死

지척 간의
죽음으로
질 때

꽃상여로
제 주검을
운구하는
꽃

11월

나무들
지워진다

생의
흔적만 남기고

허공에 그어진
선 속으로

아
득
히

신발 끄는 소리……

낡은 의자

너무 오래 서 있어서 아무도 앉지 않는 의자

은퇴한 퇴역장군처럼

저 자신을 앉히고

쉬고 있는 의자

봄

오는 게 끝나면
가는 게 봄

오면서
가는
봄

나는 오는 중인가
가는 중인가

오면서……
가는 중

사탕과 사랑

사탕과 사랑은 족보가 같고 내용과 형식도 비슷하다 둘 다 입을 사용하여 살살 녹이거나 깨물거나 하는데, 단맛은 점점 줄고 크기도 줄어든다

…… 마침내 형체도 없이 사라져,

입안과 목구멍에
남은 맛으로

향기로운
추억을 만든다

노

창녕 비봉리 신석기시대 유적지에서 7천 년 전 사용된 것으로 보이는 노櫂가 발굴 되었다

긴 어둠 속에서 7쳐 녀을 저어 온 ᄂᆞ,

드디어 햇볕 아래
제 모습을 드러내며 항해를 마쳤다

* 2010년 8월 17일 연합뉴스

말받이

턱받이를 하고
마음 놓고
삼겹살 구워 먹고
술도 마시고
밥도 먹었다
식사가 끝나고는
말받이로 썼다
연신 떨어지는
농지거리에다
욕지거리에
옷 버리기 딱이었으니,

식시食詩

시를 쓰려거든
식시를 쓰시게
먹을 수 없는 시면
개나 주시고
마침내 썼다 싶거든
시식부터 해보시게

밥이 되는지
떡이 되는지
아니면 희망이라도 되는지

시 통조림

아는 이가 또 시집을 냈다. 뚜껑을 열어보니 시가 빼곡하다

오래 보관할 수 있는 시,
썩지 않는 시,
손쉽게 따 먹을 수 있는
통조림 시,

날것이 먹고 싶은 날……

시비

누가 내 시에
시비를 걸면
그건 내 시에
거름 주는 일이고
누가 내 시에
또 다른 시비를 걸면
그건 내 시에
시비를 세워 주는 거지

고마워라
세상의 시비여,
나는 쓸 테니
열심히 거름 주고
쉼 없이 시비 세우시게들!

풀밭 위의 식사

하늘 아래 내가 본 가장 아름다운 식사는 아프리카 초원에서였다

얼룩말 한 무리가 한가로이 풀을 뜯고 있었다 말의 볼록이는 입과 목구멍에서 초록 즙 냄새가 나고 가끔씩 불어오는 바람이 갈기를 부드럽게 흔들어 평화로움을 더했다 어디선가 사자 한 마리 나타났으나 평원의 평화를 깨트리지는 못했다 얼룩말 무리들은 얼룩무늬를 감고 풀을 뜯고 있어 검은 밧줄로 묶어 놓은 것처럼 보인다 왜 저들은 묶여 있을까 무늬를 옷이나 집으로 생각하는 걸까 달릴 때 혼이 몸 밖으로 빠져 달아나지 않기를 바라는 무슨 부적일까 아무래도 벨트를 너무 많이 매었다

사자는 풀잎이 아프다고 소리라도 지르는 듯 살금살금 얼룩말 가까이 다가갔다 얼룩말의 마지막 식사를 방해하고 싶지 않은 것처럼 보였다 매사 너무 열중하는 것은 나쁠 수도 있다 무리와 떨어진 말은 여전히 얼룩무늬에 감긴 채 풀을 뜯고 있었다 순간 사자가 휙, 바람을 가르며 얼룩말을 덮쳤다 숨 가쁜, 그리고 격렬한 동작들이 生과 死, 삶과 죽

음 사이에서 한바탕 굿판처럼 벌어지고 얼룩말이 털썩 무릎을 꿇자 희생물의 목덜미에서 솟아난 뜨거운 피가 태양을 붉게 적셨다 미처 뛰어보지 못한 네 다리가 아쉬운 듯 부르르 떤다

또 한 떼의 사자들이 숲 속에서 나왔다 그들은 서두르지도 않았고 풀잎들이 아파할까 조심하지도 않았다 얼룩말이 죽기 전 초대한 손님들인지도 모른다 멋진 성찬이 시작되고 한 시간쯤 뒤 얼룩말의 모습은 거기 없었다 초대받은 손님은 또 있었다 뒷설거지를 맡은 하이에나가 입맛을 다시며 주변을 돌아다니고 검은 독수리 떼 한 무리가 머리 위에서 빙빙 돌며 태양의 젖은 낯을 닦았다

나는 이제 평화로운 초원에서 사자가 되어 달리는 얼룩말을 본다

2

인생

인생

떨어져 누운 꽃송이를 보고

그제야 나무 위를 쳐다보네

사이

'사이' 가 시렸다
입술과 입술 사이
윗도리와 아랫도리 사이
머리와 눈썹 사이
맨 것은 시렸다
겨울과 봄 사이
눈발과 눈발 사이
하늘과 땅 사이
아, 모든 떨어진
사이는 시리다
나누어진 사이
벌어진 사이도 시리다

연탄재

구멍 맞춰
활활 타버린
연탄 두 덩이가
백년해로한
부부처럼
안 떨어진다

끄무레하다

12월은
하늘도
땅도
대낮도
끄무레하다
사람도
개미도
하느님도 끄무레하다

고도古都 경주에 가다

王들은 죽고 죽어

능에 묻혔지만

民草들은 푸르게 살아

능을 덮었네

달무리

달은 단 한 사람에게만 부끄럽다

그가 지상에서 바라볼 때는
운무로 몸을 가린다

전복죽

맛있고
영양가 많은 죽
전복죽

상식을
원칙을
오래 된 관행을
전복하는 힘이
전복죽에 있으니

삶이여
전복죽을 먹고
세상을 전복하라!

일요일, 아버지의 시

8시 일어남
9시 아침밥
10시 교회
12시 외식
2시 아이들과 놀이공원에 감
7시 저녁식사
9시 뉴스 봄

11시 잠자리에 듦

공사다망

공도
망하고
사도 망한 가운데
왕림해주시니

감사합니다!

설치미술 · 1

쓰레기장에
사람이 묶인 채
헌 독처럼
버려져 있다

용도 폐기되어
쓰레기가 된 사람이거나
스스로를 폐기처분한 사람일 것이다

고독사

고독은 무섭다
치사율 일백 프로
해독제는 있으나
구하기가 어렵다
신마저도 중독되면
희망 없는 독이다

당신이라는 신도 마찬가지

양학선

“학선이가 뜀틀에서 뛰어 오르면, 난, 그게 꼭 화려한 꽃이 하늘에 날면서 샤라락 도는 것 같아. 얼마나 멋져!”하며 어머니는 웃었다. 환하게 주름이 펴지는 순간, 지상에 꽃 한 송이가 피어났다. 세상에서 가장 아름다운 꽃 한 송이, 모성의 꽃, 어머니라는 꽃, 말마따나 샤라락 도는 꽃 한 송이였다

적선

자, 지금부터 내 손에
펼쳐지는 적막을 보세요
적막의 크기가 얼마나 큰지
아무도 끝 간 데를 모르는
이 막막한 넓이를 보세요
도무지 가진 게 없어
아무것도 쥔 게 없는 손
참 대낮처럼 적막하지요
누가 한 푼이라도 적선하여
이 적막을 걷어주시겠소?

달필

운무 낀 하늘에

흐려 쓰는 筆法

삼라만상을 적시는

달필이 된다

있다와 잇다

있는 일은 잇는 일
이어가지 않으면
있을 수 없는 것
너와 나를 잇고
이곳과 저곳을 잇고
이승과 저승을 이을 때
비로소 있게 되는 것
서로 잇지 않으면
우리는 있지 않고
세상도 없는 것

홍류동 계곡 적송

비 속에 아랫도리 벗은 장정들이

울력을 하고 있네

집에 와 생각하니

어쩌면 산발한 머리에

붉은 몸뚱이의

도깨비였을지도 모르겠네

* 홍류동 계곡 : 가야산국립공원 입구에서 해인사에 이르는 약 4km의 계곡을 일컫는다.

강설기

천지가득 눈이 온다
횡설수설 눈이 온다
난분분 만건곤 온다
종횡무진 중구난방
천방지축 눈이 온다
밤새워 강설해도
오로지 하얀 말씀
쉼 없이 눈이 온다

바다祭

먹다 남은 소주를 바다에 부었다

술 취한 바다가 온종일 울었다

3

무 나라

무 나라

위는 푸르고
아래는 희다

한 몸인데

위는 청군
아래는 백군

줄

하늘 아래

전
봇
대
가

꼿꼿한 것은
줄이 많기 때문이다

우리나라
방방곡곡

줄 안 닿는 곳이 없다

산에 산에 진달래

푸름이
천하통일하기 전

잠시 꽃핀

짧은 봄날의
핏빛 왕조

지하도에서

신문지 밖으로 빠져나온

푸르뎅뎅한

발

露宿이 키운

김장 무

두 개

욕설

일반인들은 욕을 하지만 학자들은 욕설을 한다

욕은 욕이지만 욕설은 설이기 때문이다

상

두리반 상이 제일 좋다

1등상
2등상보다
여럿이
둘러앉아
너도나도 밥 먹는
즐거운 밥상
배부른
밥상

술상도 좋다
둘러앉아
한두 잔씩
마시고
취하는 상
거나하게 오르면
노래도 나오는
상

다판다 주식회사

우리는 판다
뭐든 다 판다
종교도 판다
구원도 판다
사진도 판다
세월도 판다
아해도 판다
어른도 판다
예수도 판다
신도도 판다
목숨도 판다
판다 판다
다판다

사라진 북한

미국 항공우주국(NASA)이 최근 공개한 한반도 사진에는 북한이 아예 사라진 것처럼 보인다. 전력난으로 밤이면 불빛 하나 없는 북한은 어둠에 묻혀 서해와 동해를 잇는 캄캄한 바다가 된다는 것이다

밤만 되면 사라지는 나라, 북한
그 통에 밤이면 섬이 되는 나라, 남한

우리 한반도
코리아의
자화상!

* 2014. 02. 27. [온라인 중앙일보]에서.

정치

어떤 말의 숨은 의미는, 종종 그 말을 거꾸로 읽을 때 드러난다

정치가 그렇다

66년 만에 찍은 국회의원 단체사진

그렇게 모아놓고 보니

역시 숫자에 불과하네

* 강창희 국회의장과 새누리당 황우여 대표, 민주당 김한길 대표를 비롯한 여야 의원들이 3일 오후 서울 여의도 국회의사당 본청 앞에서 단체 기념사진을 찍었다. 이날 촬영은 1948년 5월 31일 제헌국회 개원식 후 제헌 국회의원 193인이 단체 기념사진을 촬영한 이후 66년 만의 단체기념사진이라 한다.

【서울=뉴시스】 2014. 02. 03.

본말전도

WAG THE DOG
꼬리가 개를 흔든다

오 - 대, 한, 민, 국!

보수

보수가 할 일은 첫째, 報酬를 보장하는 것이고

두 번째는 끊임없이 補修하는 것이다

억새 가을

가을은

무수한
억새꽃으로 피어

千 가지
萬 가지
생각으로

몸 흔든다

세상은 얼마나 새것인가

파릇파릇 새순 돋는 나무들

세상은 얼마나 새것인가!

머리 빗고 나온 저 할머니

세상은 얼마나 새것인가!

창덕궁 굴뚝에 피는 연기

'70년 만에 창덕궁 굴뚝에 연기'라는 신문기사를 읽는 순간 내 머리에도 모락모락 연기가 났다 냉골, 오래 불 지피지 않아 습하고 서늘한 냉골에 군불이 지펴지고 잊었던 기억의 방에도 온기가 돌며 내 몸 구석구석이 따뜻해지기 시작했다

창덕궁에 어리고 서린 궁인들의 한숨과 사연도 비로소 똬리를 풀고 솟아오른다 진양조 또는 계면조로 느릿느릿 굴뚝 위로 머리 풀며 떠오르는 하얀 울음도 보인다 묵은 세월 더께 앉은 역사에 햇볕이 들며 오늘 하루 삼천리 방방곡곡 조선의 굴뚝에서는 연기가 핀다

* 1996년 창덕궁 온돌방에 습기 제거를 위해 군불을 지폈다. 이는 1926년 순종 승하 이후 70년 만의 일로 중앙 일간지에 일제히 보도되었다.

정전停電

어느 날 집에서 冊을 읽고 있는데 갑자기 정전이 되었다 단지 조명등이 꺼져 버린 것이 아니라 文明이 정전된 것과 같았다 고장 난 곳을 찾아보니 전선 한 군데가 끊어져 있었다 양쪽 끝을 새끼 꼬아 매듭이 단단히 잡아맸다 곧 다시 불이 들어왔다 그런데 아무리 봐도 불빛이 정상이 아니었다 자세히 보니 그도 그럴 것이 불빛이 전부 꼬여 있었던 것이다

몸져눕다

그 많은 거
애지중지하던 거
죽으나 사나 지고 다니던 거
다 내려놓고

그저
구들장에
제 한 몸이나 지고
드러누워 있다니!

나?

내 입에서 나오는 하얀 입김, 이건 나 아닌가

이마의 땀방울이며 누런 오줌 또한 나일 것이며 뱉어내는 가래침은, 뱉어내는 나 아니겠는가

끙끙거리며 뒷간에 쪼그리고 앉아 배설하는 것은 또 무엇인가

그건 정녕, 끙끙대는,
나의 진면목 아닌가!

4

나중

입

허공이야말로 참 큰 입이다

덩굴장미

덩굴장미는 담 너머가 궁금하다

목을 뺀다

목이 점점점점점점점점 길어진다

빨간 브로치를 단다

무제

뒷간에 앉아서 보는 적막강산

고요가 뒤보러 오는구나!

나중

나중에
나중에
나중에
나중에
나중, 나중
그 나중까지

나는
나중이라는
종교의
중이 되어
기다린다

별 장례식

마지막
순간

저를 불사르며
지는
별

가는 길이 참 밝다

죽교

대나무가 가르치는 것

곧으라
푸르라
비워라

몸소
궁행하며
가르치니

스스로
진리가 되고
종교가 되네

낙하

나
뭇
잎

뚝, 떨어지기 위해

참,

오
래
도

매달렸다

문상

확대 발췌된 흑백사진 속에
한 남자의 생애가 적막하여라

거기 내가 절絶하고 있다!

도편수 최기영의 인사

숲에 들어선 도편수가 외쳤다 "야, 이놈들아. 고맙다!" 숲을 흔드는 인사 소리에 하늘을 떠받들던 아름드리 적송들이 몸을 붉히며 꿈틀했다

날 푸른 토끼가 곧 제 몸을 찍어 눕히겠지만, 오래 기다린 신부처럼 부끄러움을 드러내며 부르르 몸을 떨었다

못

못 말리겠다

서슴없이
쇠망치 밑에

대가리를 들이미는
저 못!

공중도덕

우리나라 대한민국에도 엄연한 공중도덕이 있다

문제는
공중의 도덕이라

땅에서는
안 지킨다는 것!

무서운 식욕

구덩이 속 거름과
긴 덩굴과 이파리 속 영양까지
다 빨아먹고도 모자라
선반에 앉아서도
깜깜한 허기로
제 살 먹는 식사를
계속했나 보다
종잇장처럼 얇아진
호박의 늙은 뱃속엔
이빨만 소복하다

오, 무서운 식욕!

나는 나를 사람 속에 놓아두고 싶다

누구나 자기를 놓을 수 있다

선반 위에든
방구석에든
의자에든
서랍 속에든
사람 속에든

어디 우산 놓고 오듯*
자기를 놓아두고 올 수도 있다

* 정현종의 시에서 차용

베토벤

베토벤은 만인이다
베토벤은 베토벤 중의 하나
그는 혼자가 아니다
만인이 베토벤이다
피아노 치는 베
지휘하는 베
합창하는 베
박수치는 베
열광하는 베
베토벤은 하나가 아니다
만인이다
공부하는 베
악보 보는 베

북치는 소년

2014년의 크리스마스
소년은 아직도 북을 친다
기쁜 성탄이 오고
행복한 새해가 온다고
둥둥 북을 치지만
소년은 자라지 않는다
해마다 크리스마스가 오고
새해가 시작되지만
끝내 어른이 되지 않는다

잃는다는 것

지갑을 잃어버리거나
구두를 잃어버리거나
우산을 잃어버리거나
목숨을 잃어버리는 거나

모두 무심코, 우두커니, 멍하게, 순식간에 잃어버릴 수 있다

오늘도
누가 무엇인가를
그렇게 잃고 간다

음악회에 가다

휑뎅그렁한 막이 오르기 전
드리워진 침묵 너머에서
중구난방 쏟아지는 그 소리들
목청을 틔우며 제 멋대로 쏟아내는
소리의 어울림 아니 충돌
그러니까 다듬거나 조율하지 않은
시끌벅적한 오케스트라
그 중구난방의 백화제방이 좋아
막이 오르고 난 뒤의
정제된, 직조되고 조작된 음악보다
생으로 나는 목소리, 있는 대로의 음
안 보이는 곳에서 들려오는
그 식전 비공개의 중언부언과 횡설수설이
내겐 훨씬 음악다워 감동을 준다
그러고 보면 결국 소리도 색이다
저마다 본래의 음색으로 토해내는
막춤 같은 소리의 축제 속에
무궁무진한 음악이 나온다
그러니 천방지축, 자화자찬

생긴 대로 노는 게 좋다
북 치고 장구 치며 이전투구
삼라만상이 한소리 하는 소리
우주 만물이 득음하는 소리
악기의 취중진담을 들으려는 자
저 중구난방에 귀 기울여라!

■ 跋文

아홉 권의 시집으로 남는, 시인

박방희

나의 10대 때의 꿈은 음유시인이었다. 소년이 자라 20대가 되고 청년이 되었을 때는 위대한 작가의 꿈이 보태졌다. 음유시인과 위대한 작가! 얼마간의 외도도 있었지만 나는 여전히 그 길 위에 서 있다.

우여곡절 끝에 오로지 글 쓰는 일에 몰두하는 지금의 상황도 여전히 길 위에 있는 것이다. 迂餘曲折이란 것이 오늘의 나를 만든 것이고 내 글쓰기의 원천이 되었으니 그 또한 나무랄 일이 못 된다. 도대체 먼저 살아보지 않고 무엇을 쓸 수 있단 말인가? 하짓날, 세상에서 가장 긴 낮을 홀로 건너가는 낮달이 바로 내가 그리는 나의 자화상이다.

내가 시에서 목표한 것은 몇 권의 시집으로 남는, 시인이었다. 그 바람대로 열심히 쓰고 또 썼다. 하지만 대부분 책으로 묶여 출판되지 못 했다. 첫 시집이 1987년에 나왔고 두 번째 시집은 90년에 나왔지만 그것으로 끝이었다. 시를 못 쓰거나 원고가 없어서가 아니었다. 내 시를 알아주는 사람이 적은 탓에 결국 나는 지금까지 두 권의 절판된 시집과 여러 권의 시집 원고로만 세상에 존재하게 된 셈이었다.

그때부터 나는 아홉 권의 시집이 아니라 아홉 권의 시집 원고로 남는 시인을 목표로 하였다. 이는 윤흥길의 소설 '아홉 켤레의 구두로 남은 사내'에서 비롯되었다. 어느 날 홀연히 사라진 사내에게 아홉 켤레의 구두만 남았듯이 내게도 시밖에 남을 게 없었다. 그것도 별 주목받지 못한 두 권의 시집과 세상에 나오지 못한 여러 권의 시집 원고만으로.

그러나 원고도 시이고 언젠가 책으로 나올 수도 있기에, 나는 아홉 권의 시집 원고를 위해 끊임없이 쓰고 퇴고하며 애써 왔다. 작품들을 오래 부둥켜안고 궁구하다 보니 자연히 주제별로 정리가 되었다. 이를테면 선비정신을 담은 선비시, 세상과 민심을 풍자한 풍자시, 생활을 주제로 한 생활시, 연애감정을 쓴 연시, 고양된 정신을 다룬 정신시, 선적인 사고에서 얻은 선시 등.

그 중의 하나가 이번에 시집으로 출간되기에 이른 것이니 사족과 같은 소회를 적지 않을 수 없다.

세상은 잘도 가지만 시의 바다, 세상의 바다를 향한 내 시의 항해는 그렇지 못했다. 무려 25년이라는 오랜 기다림 끝에 이제 그 세 번째 출항을 앞두고 있는 것이다.

그 동안 내 시는 많이 변모했다. 무엇보다 말수가 줄어들었다. 삶에서나 문학에서나 나는 말 많은 게 싫다. 한마디의 말, 한 문장의 말로 사물의 핵심을 찔러야 한다고 믿는다. 말이 많으면 쓸 말이 적어진다고 하지 않는가. 장검이 아니라 비수 같은 단검으로 승부를 보는 시, 그저 전광석화같이 의표를 찌르는 언술로 진검승부를 하는 시, 난말바 같은 서슬 푸른 시에 나는 전율한다. 한 줄짜리 시도 한 쪽짜리 소설도 얼마든지 훌륭할 수 있는 것이다.

지금의 내 시는 대체로 짧고 간명하다. 조금 길다고 해도 걸림이나 거침이 없다. 풍자와 역설, 그리고 위트와 유머의 시를 지향한다. 서정의 넋두리가 아닌 극서정으로 가는 시, 짧고 명료한 촌철살인의 시를 선호한다. 무엇보다 빠르게 돌아가는 현대라는 시대가 그런 속성을 요구하지 않는가. 따라서 이 시집에 실린 시는 이러한 나의 기호와 취향에 부합하는 시들이라고 말할 수 있다.